Anniversaire surprise

Nihil Obstat, le 9 mars 2012
G. Pelletier

Imprimatur, le 9 mars 2012
M. Vidal

89, boulevard Auguste Blanqui, 75013 Paris

ISBN : 978-2-35389-189-4

Olivier Bonnewijn – Amandine Wanert

LES AVENTURES DE JOJO ET GAUFRETTE

Anniversaire surprise

Éditions de l'Emmanuel

Chapitre 1 Trop stylé !

Vive le mercredi ! Après une matinée de gym, de maths et d'anglais, Gaufrette pousse la grille de la cour de récréation et quitte l'école Notre-Dame-de-la-Providence. À la différence de Jojo, son frère jumeau de onze ans, elle ne rentre pas à la maison. Elle se rend rue des Carmélites et commence son chemin en compagnie de son amie Zoé, de Mélusine – une fille assez « populaire » dans sa classe – et de John, un copain anglais de son frère Jojo.

— Quelle heure est-il ? demande Gaufrette à John.

— 12 h 23, répond celui-ci en consultant sa grosse montre verte.

— Pas mal la *Night-Splatch*, s'exclame Mélusine.

— Yé, elle est top, lance John avec un sourire craquant.

— C'est comme mon sweat *Superdrague*, reprend Mélusine en effleurant le col. Je dois faire gaffe à ma mère. Elle me l'a déjà chipé plusieurs fois.

— Trop stylé ton T-shirt Gaufrette, remarque Zoé. Où l'as-tu acheté ?

— Il est trop large pour elle, lâche Mélusine en regardant l'étiquette. Elle l'a sans doute trouvé en soldes.

Ces paroles font mal. Elles blessent Gaufrette. Pour obtenir son T-shirt *Albert Stromboli*, elle a dû insister à la maison pendant de longues semaines, assiéger impitoyablement ses parents, trouver de bons arguments. Et voilà qu'une simple phrase de Mélusine vient tout gâcher. Sans rien laisser paraître, Gaufrette change de conversation.

— Que faites-vous cet après-midi ?

— J'ai un cours de danse jazz, dit Mélusine.

— Foot et jeux vidéo, dit John en sortant un chewing-gum de sa poche.

— Et toi Gaufrette ? lui demande Zoé.

— Moi... euh... je vais voir quelqu'un.

— Qui ? Est-ce que tu ne nous cacherais pas quelque chose ? insinue Mélusine.

— En fait, répond Gaufrette en rougissant légèrement, tous les quinze jours, je passe l'après-midi chez Joyce, une fille handicapée. Aujourd'hui, c'est son anniversaire. On va fêter ses 14 ans.

À ces mots, Mélusine prend son téléphone portable et, avec un air préoccupé, vérifie sa messagerie. John se passionne soudain pour un coupé cabriolet garé de l'autre côté de la rue. Zoé reste songeuse. Puis, elle finit par rompre le silence.

— Mais tu ne nous en as jamais rien dit. Ça ne te fait pas trop peur ?

— Peur ? s'étonne Gaufrette. Tu dis cela parce que tu ne connais pas Joyce. Oh ! Je prends ici à gauche. À demain !

Chapitre 2 Transformations

Dix minutes plus tard, Gaufrette pénètre dans le hall d'un immeuble nouvellement construit. Après avoir sonné, elle grimpe les escaliers jusqu'au troisième étage. La porte de l'appartement est déjà ouverte. Sur le seuil, Joyce l'accueille avec un sourire jusque derrière les oreilles. Assise sur une chaise roulante, l'adolescente guettait sa venue depuis plus d'un quart d'heure.

— Bon-jour, Gau-frette.

— Salut Joyce. Bon anniversaire ! Tiens, je t'ai apporté un cadeau. C'est pour toi.

Joyce tressaille au plus profond d'elle-même. Elle pousse un cri de joie absolue, plus pur que le cristal. Dans ses yeux se lit tout le bonheur du monde. Elle est toute entière dans cet instant d'éternité. Au moyen de mouvements peu coordonnés, elle prend Gaufrette dans ses bras avec une tendre maladresse. Puis, elle fait son possible pour déchirer le papier d'emballage.

— Des cray-ons pour co-lo-rier ! Mer-ci.

Gaufrette est bouleversée. « Un esprit tellement handicapé et un cœur si pur ! Un visage tellement déformé et pourtant si rayonnant ! Elle est vraiment très belle. Zoé devrait la voir. »

Sur ces entrefaites arrive Madame Hegiluzia, la maman de Joyce, vêtue d'une jolie robe en l'honneur de sa fille.

— Bonjour Gaufrette. Merci d'être venue. Tu n'as pas trop faim ? J'ai préparé du poulet avec des frites et des tomates.

Après un délicieux repas, toutes trois se mettent au travail pour arranger l'appartement. Il y a beaucoup à faire : repousser les meubles contre les murs,

installer des coussins par terre, gonfler et accrocher des ballons un peu partout, décorer les pièces avec des fleurs en papier et des serpentins, cacher des sachets de bonbons pour la chasse au trésor de tout à l'heure, prévoir différents jeux, sélectionner des CD. Il faut se dépêcher car les invités arrivent à trois heures et demie. Comme par enchantement, l'étroit

appartement de la rue des Carmélites se métamorphose en palais des mille et une nuits. Et Joyce, en vraie princesse, trône du haut de son magnifique sourire. Gaufrette se sent étrangement bien. Grâce à Joyce, elle a l'impression d'être dans le vrai, non dans l'apparence ou dans le superficiel. Elle peut être tout simplement elle-même, sans se soucier de la marque de son T-shirt ou de ses chaussures. Elle touche la vie en direct.

Soudain, l'ordinateur lance un signal sonore. Aussitôt, le visage de Madame Hegiluzia s'illumine.

— Joyce, c'est Papa ! Il t'appelle de Pittsburg aux USA. Il veut embrasser sa fille chérie. Il est triste de ne pas être là pour ton anniversaire, mais il doit travailler là-bas encore une semaine. Tu peux le voir à travers la connexion vidéo.

— Allô Pa-pa !

De nouveau, un bonheur total transfigure le

visage de Joyce. Sa mère également est particulièrement heureuse, en communion avec son mari qu'elle voit sur l'écran.

À la fin de la transmission, elle invite Joyce à passer un coup de brosse dans ses cheveux.

— Non !

— Comment ça « non » ? Viens, cela ne prendra que quelques instants.

— Non ! Pas en-vie.

Stupéfaite, Gaufrette assiste à un drôle de caprice. Joyce durcit ses traits, fronce les sourcils et tourne la tête contre le mur.

— Mé-chante Ma-man.

Madame Hegiluzia ne se laisse nullement impressionner. Avec une douce fermeté, elle tient bon. Et la brusque tempête s'apaise aussi vite qu'elle s'est levée. Joyce retrouve son incomparable sourire. Elle est prête à accueillir ses invités.

Chapitre 3 Une attente douloureuse

16 h 08. Madame Hegiluzia regarde sa montre pour la treizième fois. Personne n'a encore sonné à l'interphone. Que se passe-t-il ? N'y tenant plus, elle prend son téléphone et appelle les parents des jeunes invités.

— Je suis confus, chère Madame, bafouille un parent. Mais notre fils est rentré hier avec de la fièvre.

— Ah, on ne vous avait pas prévenue ? s'excuse un autre. Notre fille a déjà raté deux fois son cours de flûte. Alors, vous comprenez…

— D'accord, pas de problème, je passerai si j'ai le temps, dit un adolescent avec un manque extraordinaire de délicatesse.

— « Ici la boîte vocale du 07 46 56 78 90, déclare une voix masculine. Merci de me laisser un message après le bip sonore. »

L'ambiance s'alourdit. L'appartement commence à manquer d'air. Brusquement, Madame Hegiluzia va ouvrir la fenêtre de la cuisine. Puis, elle reprend ses appels en jouant nerveusement avec le fil du téléphone.

— Sorry, répond une voix d'adolescente sincèrement désolée. Mais mes parents m'ont interdit de venir à cause de mes mauvaises notes.

— Allô ? Oh, ma chère, c'est vous ! Je suis impar-

donnable. J'ai complètement oublié que c'était aujourd'hui l'anniversaire de votre fille. Une prochaine fois peut-être ? Je dois vous laisser car je suis en réunion.

— « Le numéro que vous avez composé a été prévenu de votre appel, énonce une voix impersonnelle. Veuillez réessayer plus tard. »

La maman de Joyce raccroche le téléphone en essayant de cacher son immense déception. Il y a une demi-heure encore, elle était pleine d'enthousiasme et de gaîté. Elle débordait d'imagination pour inventer des tas de surprises. À présent, un profond découragement s'abat sur elle. Elle s'assied sur un tabouret en bois et se prend la tête entre les mains. « À part Gaufrette, personne n'est venu. Personne n'a même pris la peine de nous prévenir. » Sans bruit, Joyce s'est approchée de sa mère avec sa chaise roulante. Elle s'appuie douce-

ment contre son épaule. Puis, elle lui glisse dans l'oreille :

— Ne sois pas tris-te, Ma-man... Je suis là, moi... Et Gau-frette aus-si... Et Jé-sus aus-si.

Madame Hegiluzia relève la tête et passe la main dans les cheveux d'or de sa fille adorée. Gaufrette est oppressée par ce qui se passe. Tant d'amour et d'injustice à la fois ! Elle se retire sur la pointe des pieds et va se réfugier à la cuisine, à côté d'une pile de verres et d'assiettes propres préparés pour la fête. Le cœur pesant, elle regarde le ciel à travers la fenêtre ouverte.

Chapitre 4 Mystère près de la table ovale

Gaufrette entend soudain la voix de Madame Hegiluzia qui la cherche.

— Ah, tu es là. Est-ce que tu veux manger quelque chose ?

— Euh, non merci Madame. J'ai l'estomac un peu noué.

— Je comprends. Si tu veux, on peut prier un moment ensemble.

— D’accord.

Gaufrette, Joyce et sa maman se retrouvent dans le salon, en face d’une petite table ovale surmontée d’un crucifix, de la photo de monsieur Hegiluzia en voyage, d’une bougie, de dessins, d’icônes et de la statue Notre Dame du Sourire.

— Peux-tu allumer la bougie, Gaufrette ? Le briquet est derrière le cadre. Moi, je mets un CD.

L'appartement s'emplit aussitôt de notes et de paroles apaisantes.

Ne crains pas, ne crains pas, je t'ai racheté.

Ne crains pas, ne crains pas, je suis avec toi.

Mon enfant bien-aimé, tu es toute ma joie.

Je suis ton Seigneur Dieu, créateur et sauveur.

Madame Hegiluzia a ouvert les mains. Elle chante le regard fixé sur Notre Dame du Sourire. Le calme et la confiance sont peu à peu revenus en elle. Cela se voit ! De temps en temps, elle essuie la salive qui coule de la bouche de Joyce. Celle-ci chante deux mots sur quatre, avec une mélodie dont elle seule a le secret.

— *... crains pas ...a-vec toi... bien-aimé... joie... Dieu...*

Gaufrette a joint sa voix aux deux autres. Elle se laisse bercer par ces paroles pleines de douceur et de foi. Avec Joyce et sa maman, elle se sent enveloppée dans la tendresse de leur Créateur. Elle a

Albert

l'impression que rien de mauvais ne peut leur arriver, qu'elles sont protégées. Un manteau de paix recouvre le palais-appartement.

Après deux autres chants, Madame Hegiluzia sort son chapelet et laisse jaillir ce qu'elle a dans le cœur.

— Merci, Seigneur, d'avoir créé Joyce. Merci de nous l'avoir confiée. Merci pour les neuf mois qu'elle a passé dans mon ventre, tout près de mon cœur. Merci pour avoir pu l'accueillir dans la joie et la confiance au jour de sa naissance. Merci pour le bébé et l'enfant magnifique qu'elle a été, à travers toutes les difficultés que tu connais. Merci pour tout ce qu'elle nous a appris. Merci pour tant d'amour, chaque jour. Merci pour la jeune fille qu'elle devient maintenant. Quelle bénédiction ! Quel trésor ! Merci, Vierge Marie d'avoir toujours été là, avec saint Joseph.

Emportée par la prière, Gaufrette ne voit pas le temps passer. Soudain, un parfum d'une finesse sans pareille se met à flotter dans la pièce. Ravie et intriguée, elle tourne le regard vers Madame Hegiluzia qui lui répond par un sourire étonné. Mais d'où provient cette douce senteur de rose ? Quelqu'un aurait-il renversé du parfum de grand prix ? Ou alors... ou alors... Une surprise du Ciel ? Un cadeau pour l'anniversaire de Joyce ? Celle-ci, toute heureuse, respire à pleins poumons cet air exquis. La vie a une merveilleuse odeur.

— Mer-ci, Ma-rie ! dit simplement la jeune fille radieuse comme un soleil.

Gaufrette reste sans voix.

Chapitre 5 Raconte !

Le lendemain matin, Gaufrette retrouve Mélusine, Zoé et John dans la cour de récréation. L'air est frais en ce mois de mai.

— Alors, lui demande Zoé, cet anniversaire ? Raconte !

— Euh... Comment dire ? C'est difficile à expliquer. En fait, aucun des invités n'est venu.

— Oh, s'écrie Mélusine. Mais quelle horreur !

— Oui, c'était dur. Alors, la mère de Joyce s'est mise à prier avec nous et il s'est passé quelque chose de… de… de divin. Du parfum d'une qualité extraordinaire s'est répandu dans l'appartement.

— Plutôt de quelle marque ? demande Mélusine, troublée par ce qu'elle vient d'entendre.

— Je ne sais pas. En tout cas il venait de la table ovale sur laquelle se trouvaient un crucifix et une statue de la Vierge Marie. Au début, nous avons pensé que c'était à cause de la bougie, ou que quelqu'un avait cassé un flacon de parfum sans le faire exprès. Après un quart d'heure, nous avons fermé les fenêtres. Nous avons aussi été sonner chez la voisine pour vérifier : aucun résultat. Et cela sentait encore infiniment bon quand je suis partie vers 18 heures.

— Incroyable ! s'exclame Mélusine.

— Incroyablement beau, ajoute John qui arrête de mâchonner son chewing-gum. Mais il doit y avoir une explication scientifique.

— On pourrait peut-être aller voir Joyce, suggère Zoé.

— Si vous voulez, répond Gaufrette. Avec elle, c'est la vraie vie.

— C'est quoi la vraie vie ? demande Mélusine le regard absent. En tout cas, je pourrais lui

passer des bracelets-élastiques *Fifi Beans*. Tu crois qu'elle apprécierait ?

Les enfants sont interrompus par la sonnerie de l'école. Il est temps de rentrer en classe. Gaufrette, Zoé, Mélusine et John courent rejoindre leur rang, sous le regard de Notre Dame de la Providence.

Pour mieux comprendre l'histoire

1. **D'où vient ce parfum ?**

En fait, je n'en sais rien. Il s'agit d'une histoire qui s'est réellement passée à Bruxelles, dans une maison située près du parc Josaphat. Bien sûr, j'ai modifié quelques détails, comme par exemple le nom des personnes. Ce phénomène rare et mystérieux s'est également produit ailleurs dans le monde.

2. Comment comprendre cet évènement ?

Comme tu le vois, chacun interprète les choses différemment. John cherche des raisons scientifiques. Gaufrette et madame Hegiluzia croient dans un premier temps que ce parfum provient de la bougie sur la table ou de chez un voisin. Mais bien vite, elles constatent que ce n'est pas le cas. Mélusine ne sait pas quoi dire ou penser, elle qui d'habitude a un avis sur tout. Joyce quant à elle n'hésite pas une seconde. Elle s'écrie joyeusement en direction de la statue de Marie : « Merci ! » Et toi, quelle est ton interprétation ?

3. Pourquoi du parfum ?

Un cadeau, c'est un cadeau. En principe, on ne le choisit pas, on le reçoit. À travers cette délicate attention, Dieu veut sans doute dire à Joyce, à sa maman et à Gaufrette : « Vous êtes chacune infiniment précieuses et belles à mes yeux, spécialement toi, Joyce, en ce jour anniversaire de ta naissance. Je veux vous honorer, vous faire plaisir, vous offrir à toutes les trois quelque chose de grand prix. Quel bonheur pour moi d'être là avec vous ! » Aussitôt, l'appartement retrouve son air de fête.

4. Pourquoi personne – sauf Gaufrette – n'est-il venu, et en plus sans prévenir ?

Très sincèrement, je l'ignore. Comme toi sans doute, cela m'étonne et me fait mal. As-tu une idée ? Le Christ comprend très bien l'immense peine de Joyce, de sa maman et de Gaufrette. Il a éprouvé la même chose, comme il le raconte lui-même dans l'Évangile. « Le Royaume des Cieux est comparable à un roi qui célébrait les noces de son fils. Il envoya ses serviteurs pour appeler à la noce les invités, mais ceux-ci ne voulaient pas venir. Il envoya encore d'autres serviteurs dire aux invités : "Voilà : mon repas est prêt, mes bœufs et mes bêtes égorgées ; tout est prêt : venez au repas de noce." Mais ils n'en tinrent aucun compte et s'en allèrent l'un à son champ, l'autre à son commerce. » (Mt 22,2-5)

5. Comment Gaufrette et Joyce sont-elles devenues amies ?

Quand j'avais onze ans, une dame est un jour entrée dans ma classe. Elle servait dans le centre pour enfants handicapés situé en face de mon école. Elle nous a demandé : « Qui veut venir manger et jouer chez nous le vendredi midi ? » Avec un copain, j'ai timidement levé mon doigt. Voilà comment j'ai eu le très grand privilège de rencontrer Pierre, Chantale, Bertrand, Éléonore, Rose-Marie, Louis et bien d'autres. J'imagine que pour

Gaufrette, quelque chose de semblable lui est arrivé. En tous cas, n'hésite jamais à lever ton doigt si l'occasion se présente. Et si elle ne se présente pas, cherche-la.

6. Qui est Joyce Hegiluzia ?

« Joyce » vient de l'anglais « joie ». « Hegiluzia » vient du basque et signifie « rayon qui plonge dans la maison » ou « lumière de crête ». Quel joli nom ! Ne trouves-tu pas qu'il lui va à ravir ? Cette jeune fille de 14 ans ne sait pas faire grand-chose, sauf se laisser aimer et aimer. Elle comprend tout avec le cœur. Elle a le génie de l'amour. Toute sa vie s'est comme concentrée dans l'amour des autres, au milieu de pas mal de souffrances. Bien sûr, elle n'est pas parfaite. Elle est capable de crier, de faire des caprices, de dire des méchancetés. Elle a « son petit caractère ». Tu as pu t'en apercevoir lors de l'épisode de la brosse à cheveux. Comme tout le monde, elle a ses difficultés et ses obscurités, même si celles-ci sont peu racontées dans l'histoire. Quoi qu'il en soit, elle est pour tous une « joyeuse lumière de crête ».

7. Pourquoi Gaufrette visite-t-elle Joyce ?

Gaufrette a un cœur généreux. Elle aime rendre service, comme le Christ. Elle est heureuse de s'occuper de Joyce. Elle discute avec elle, même si elle ne comprend pas tout. Elle l'aide à dessiner ou à faire ses devoirs. Elle joue avec elle en écoutant de la musique. Elle lui lave les mains avant de passer à table. Et la joie est toujours au rendez-vous. Gaufrette s'en rend très bien compte, elle qui vient de traverser une période sombre racontée dans *Bye bye tristesse*.

8. Y a-t-il d'autres raisons ?

Au début, non. Mais très vite, Gaufrette a découvert chez Joyce un incroyable trésor, celui du cœur et du sourire. Sans le savoir tout à fait, cette jeune fille handicapée lui enseigne les choses essentielles de la vie qu'on n'apprend pas vraiment dans un cours de danse jazz, dans un match de foot ou dans un jeu vidéo. Elle lui montre comment aimer et se laisser aimer. Elle aide Gaufrette tout simplement à être elle-même, à ne pas devenir une fille superficielle.

9. Qui reçoit le plus ?

Il est impossible de répondre à cette question. Joyce est folle de bonheur quand son amie vient la voir. De son côté, Gaufrette a l'impression de recevoir mille fois plus qu'elle ne donne. Elle fait un peu la même expérience que son frère Jojo avec Popov dans un *Ami extraordinaire*. Bien sûr, il y a aussi des moments assez difficiles. Te souviens-tu du passage où Gaufrette se retire sur la pointe des pieds dans la cuisine, accablée par tant de souffrances et d'injustices ? Mais ces choses douloureuses sont également de réels cadeaux pour elle. Elles lui apprennent le chemin de l'amour et de la vraie vie.

10. Porter un T-shirt de marque est-ce important ?

Certainement pour Mélusine. Elle rêve de devenir mannequin ou actrice. Et pour Joyce ? Elle aussi possède ses habits préférés. Tant mieux ! Il est heureux qu'elle ait des goûts personnels et soigne son apparence. De son côté, Gaufrette aime son « Albert Stromboli », surtout lorsqu'elle est dans la cour de son école. Mais face à Joyce, la marque de son T-shirt perd soudain de son importance. Gaufrette prend conscience que la plus belle marque est celle du sourire vrai et que le reste est finalement assez secondaire.

11. Pourquoi Mélusine, John et Zoé sont-ils gênés au début de l'histoire ?

Ils n'ont jamais eu la grâce de rencontrer un enfant ou un jeune handicapé. Lorsque Gaufrette leur dit qu'elle va passer l'après-midi chez Joyce, ils ne savent pas comment réagir. Ils ont un peu peur, ce qui est tout à fait compréhensible. À la fin de l'histoire, l'un d'eux propose d'aller ensemble chez Joyce. Si Mélusine, John et Zoé mettent ce projet à exécution, ils pourront eux aussi découvrir le lumineux trésor de Joyce.

L'auteur

Olivier Bonnewijn

Olivier Bonnewijn est prêtre du diocèse de Malines-Bruxelles depuis 1993 et membre de la Communauté de l'Emmanuel. Vicaire épiscopal à la formation, il enseigne à l'Institut d'Etudes Théologiques.

Les aventures de Jojo et de Gaufrette sont nées « par hasard », dans le joyeux foisonnement de camps d'enfants. Elles se nourrissent d'histoires vraies dont l'auteur a été bien souvent le témoin émerveillé.

L'illustratrice

Amandine Wanert

Amandine Wanert vit à Paris. Elle partage son temps entre l'illustration médicale et l'illustration jeunesse. Fascinée par le monde des enfants, c'est dans les jardins publics et à la sortie des écoles qu'elle trouve son inspiration. Grâce à sa collection de souvenirs, elle a créé les traits de Jojo et Gaufrette. Mettre en scène leurs aventures et leurs rencontres, au fil du texte d'Olivier Bonnewijn, a été pour Amandine une expérience joyeuse et enrichissante.

Table des matières

Achevé d'imprimer
par Imago
en mars 2012
à Singapour

Imprimé à Singapour